괜찮지 않은데
괜찮다고 말하는
나에게

일러두기
이 책은 1948년에 출간된 데일 카네기의 《How to Stop Worrying and Start Linving》을 각색하여 만든 작품입니다.

데일 카네기
자기관리론 필사책

괜찮지 않은데
괜찮다고 말하는
나에게

데 일 카 네 기 지 음 ✦ 지 선 편 저

Dale Carnegie

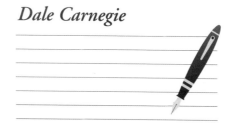

이너북
INNERBOOK

단단한 내가 되고 싶을 때

스스로 괜찮다고 되뇌이며 말하지만 괜찮지 않은 하루하루를 보낼 때가 있습니다. 내가 가장 먼저 나를 안아줘야 하는데, 모르는 척 애써 외면하고 지나칠 때도 있습니다.

그런 날들을 보내고 밤에 잠들 때면 걱정과 불안으로 가득 차 눈을 감아도 숨이 막히기도 합니다. 불안과 걱정이 나를 침식하고 집어삼킨 날엔 정작 해야 할 일에 집중하지 못하고 실수를 하기도 합니다.

걱정과 불안이 많다면 가장 먼저 생각을 멈춰야 합니다. '어떻게 생각을 멈출까' 하고 고민이라면, 생각을 멈출 수 있는 필사를 추천합니다. 한 문장 한 문장 따라 쓰다 보면 그 글에 집중하게 되면서 고민과 걱정에서 멀어지게 됩니다.

〈바라는 대로 이루어지는 따라 쓰기〉 시리즈를 준비하며 첫 번째 책으로 데일 카네기의 《걱정을 멈추고 삶을 시작하는 방법(How to Stop Worrying and Start Living)》을 준비하였습니다. 국내에서는 《데일 카네기의 자기관리론》이라는 제목으로 만날 수 있습니다.

이 책에는 데일 카네기가 읽었던 수많은 책의 명언과 함께 주변 지인부터 유명인의 예시를 통해 걱정과 불안을 없애고, 좀 더 단단한 내가 되어 삶을 살 수 있게 도와주는 글들이 많습니다. 그중 가슴을 울리는 명언과 이야기들 외에 제가 인생을 살면서 느꼈던 것들도 함께 정리하였습니다.

"대부분의 사람들은 자신이 마음먹은 만큼만 행복하다."

— 에이브러햄 링컨

인생을 살다 보면 좋은 일도 있고, 나쁜 일도 생깁니다. '행

복이란 이런 것이구나' 하고 느낄 수 있게 불행이 오는 것이
아닐까 하는 생각도 듭니다.

　지금의 고민과 불안, 걱정 등등 힘든 생각은 잠시 비우고
다시 새로운 하루를 살 수 있도록 데일 카네기의 인생 조언을
펜으로 직접 쓰면서 곱씹어 보길 바랍니다.

— 지선

"현명한 사람은 자신의 불안과 걱정을 잘 알고 있습니다.
스스로 걱정과 불안을 다스리는 사람만이 성공할 수 있습니다.
당신은 현명하며 곧 성공할 사람입니다!"

1장

오늘을 충실하게
살아야 한다

"잘 보이지도 않는 멀리 있는 것에 관심을 가지는 것보다,
당장 눈앞에 놓여있는 것에 집중해야 한다."
— 토머스 칼라일

데일 카네기가 소개한 실즈 부인의 이야기에서 우리는 교훈을 얻을 수 있습니다. 그녀는 아픈 남편을 간호하며 가난하게 지냈고, 이내 우울증에 빠졌죠. 그렇게 남편을 잃고 가난에 허덕이며 절망에 빠져 스스로 생을 마감하려고 했습니다.

그러던 어느 날, 신문 기사에 실린 한 문장을 보고 용기를 얻어 다시 열심히 살아야겠다고 다짐했답니다. 그녀의 마음을 움직인 문장은 다음과 같습니다.

"현명한 사람에게는 하루하루가 새로운 삶이다."

그녀는 인생을 하루라고 생각하고, 하루에 한 번씩만 산다면 어려울 게 없다고 느낀 것이죠. 어제 있었던 일들 모두 잊고, 내일 있을 고난과 두려움을 생각하지 않으며 오로지 오늘만 사는 법. 매일 아침 그녀는 "오늘은 새로운 삶이다."라고 외치며 하루를 시작했다고 합니다.

"혼자서도 행복한 사람은 오늘 하루를
나만의 것이라 말할 수 있는 사람이다.
내일이 최악으로 힘들더라도, 나는 오늘을 살겠다."
— 호라티우스

이 시는 예수가 태어나기 30년 전에 로마 시인 호라티우스가 쓴 것입니다. 인간은 삶을 미루려고 하는 본성이 있습니다. 창밖에 핀 붉은 장미를 감상하기보다, 아직 눈앞에 없는 마법 같은 장미 정원을 꿈꾸지요. 인간은 왜 이토록 어리석은 걸까요?

스티븐 리콕은 인간의 보잘것없는 인생에 관하여 말했습니다. 아이들은 종종 "내가 자라면…"이라고 말합니다. 그러나 이 말이 지금 무슨 의미가 있을까요? 그때보다 더 자란 아이들은 "내가 어른이 되면…"이라고 말합니다. 막상 어른이 되고 나서는 "결혼하면…"이라고 하지요. 결혼한 다음에는 "은퇴하면…"으로 바뀝니다. 은퇴하고 나서야 비로소 자신의 삶을 되돌아봅니다. 그렇게 노인이 되어 죽음을 맞이하면 모든 것을 잃게 됩니다.

인간은 죽음을 맞이할 때 비로소 인생이란 살아가는 데 있다는 것을, 매일 매시간의 연속임을 깨닫습니다.

새벽에 드리는 인사

오늘을 잘 살피자!
오늘은 인생이요. 바로 그 인생 가운데 인생.
아주 짧은 순간,
당신이란 존재의 진실과 실상이
성장의 축복과
행동의 아름다움과
성취의 영광까지 모두 함께 담겨 있다.
어제는 꿈이고,
내일은 환상이지만
오늘을 잘 보내면 어제는 행복한 꿈이 되고
내일은 희망찬 환상이 될 것이오.
그러니 오늘을 잘 살피자.
이것이 새벽에 당신에게 드리는 인사요.

현대의학의 아버지로 불리는 윌리엄 오슬러 경도 인도의
유명한 극작가 칼리다사가 쓴 〈새벽에 드리는 인사〉를 책상
위에 올려두고 보았다고 합니다.

오늘도 괜찮다며 내가 나를 먼저 외면했다면, 이 시를 따
라 쓰며 어제도 고생한 나를 가장 먼저 위로해 주세요. 그러
고 나서 또 새로운 오늘을 살아갈 나를 응원해 주세요.

(이른 아침에 적어 보세요!) 당신의 오늘을 어떻게 보내고 싶나요? 오늘 할 일을 아래 적어 보세요.

당신의 오늘은 어땠나요? 오늘 있었던 일을 적어 보세요.

혹시 후회되는 일이 있어서 마음이 아프다면
지금 눈을 감고 자신의 마음을 토닥여 주세요.
그 순간은 이미 지났습니다.
내일 다가올 또 다른 오늘을 위해 더는 후회하지 말아요.

1. 너무 먼 미래를 걱정하느라 오늘을 희생하고 있지는 않나요? 현재를 충실히 살아가고 있는지 생각해 보아요.

....

....

....

....

....

2. 이미 지난 일을 계속해서 생각하고 있나요? 현재를 억울한 마음으로 살아가고 있는 건 아닌지요? 여기에 그 마음을 적어 보세요. 그런 다음 더는 그 일이 나를 괴롭힐 수 없다고 말해 보아요.

....

....

....

....

....

3. 아침에 일어나 오늘 하루 24시간을 최대한 잘 사용할 것이라고 결심해 보아요.

---

4. 오늘 하루 충실하게 보낸다면 무엇을 얻게 될지 생각해 보세요.

이제 당신은 오늘부터 충실한 삶을 살게 되었습니다.
당신의 새로운 오늘을 축복합니다.

"인간은 죽음을 맞이할 때
비로소 인생이란
살아가는 데 있다는 것을,
매일 매시간의 연속임을
깨닫는다."

— 스티븐 리콕

2장

걱정이 많아 걱정인 당신에게
필요한 마법의 공식

데일 카네기가 소개한 '걱정을 없애는 3단계 방법'은 냉방 산업의 개척자인 세계적인 기업 캐리어의 대표가 고안한 것입니다.

1단계: 현재 상황을 있는 그대로 바라보고 분석하세요.

이번 실패로 인하여 발생할 수 있는 최악의 결과를 생각해 보세요. 젊었을 적 캐리어는 뉴욕의 어느 회사에서 일을 하다 예기치 못한 상황을 맞이했습니다. 그 상황 때문에 밥도 제대로 먹을 수 없었고 잠도 잘 수 없었습니다. 여차하면 고용주가 이미 투자한 돈을 잃을 수 있었기에 그로 인하여 직장을 잃을 수도 있겠다 생각했습니다. 몇 날 며칠을 고민하다, 걱정은 문제를 해결하지 못한다는 결론에 다달았습니다. 걱정을 멈추고 문제를 해결할 생각을 해보았습니다.

2단계: 발생할 수 있는 최악의 상황을 생각해 보고, 받아들여 보세요.

캐리어는 "이번 실패는 내 경력에 흠집을 내겠지. 일자리도 잃을 수 있어. 하지만 다른 일을 구할 수 있으니 괜찮아. 고용주 입장에서도 새로운 기술을 실험한 것으로 생각하고 그 정도의 손실은 감당할 수 있을 거야. 연구비로 충당하겠지." 하고 받아들였습니다. 그렇게 생각을 바꾸니 순식간에 마음에 평안이 찾아왔습니다.

3단계: 최악의 상황을 어떻게 하면 개선할 수 있을지 침착하게 생각해 보세요.

캐리어는 어떻게 하면 2만 달러의 손해를 줄일 수 있을지 고민하다가 새로운 사실을 하나 발견했습니다. 투자한 비용에서 조금만 더 투자하면 문제를 해결할 수 있다는 것을 발견했고, 2만 달러를 잃었지만 1만 5천 달러를 벌어 손실을 최소화할 수 있었습니다.

만약 캐리어가 계속 걱정만 했다면 수익을 얻기 어려웠겠지요. 걱정하는 마음으로는 그 어떤 것도 해결할 수 없습니다. 직면한 상황을 그대로 받아들이고, 그 문제를 어떻게 해결할 것인지 그 부분에 더 집중해 보세요.

"기꺼이 받아들여라. 이미 일어난 일은 기꺼이 받아들여야 한다. 그것이 모든 불행을 극복하는 바로 첫 단계이기 때문이다."
— 윌리엄 제임스

"진정한 마음의 평화는 최악의 상황을 받아들이는 것에서 찾아온다."

— 린위탕

심리학에서는 가장 나쁜 상황을 받아들이면 새로운 에너지가 솟아오른다고 합니다. 더 이상 잃을 것이 없기 때문입니다. "최악의 상황을 직면하고 나서부터는 마음이 편안해지고, 그동안 느끼지 못했던 평온이 찾아왔습니다. 그 순간부터 '생각'이라는 것을 하게 되었습니다." 윌리스 캐리어가 말했습니다.

많은 사람이 분노와 걱정 때문에 자신의 삶을 망가뜨립니다. 스스로의 삶을 회복하기보다는 억울함과 분노에 가득 차 우울함에 자신을 가두게 됩니다. 아무런 행동도 하지 못한 채 말이지요.

"최악의 상황에 직면하세요!"
"남아 있는 삶을 최대한 즐기려고 노력해 보세요!"

"아, 먼지 속으로 가라앉기 전에
우리에게 아직 남은 것들을 최대한 활용하라.
먼지에서 다시 먼지로 돌아가 먼지에 눕기 전에
술도 없고, 노래도 없고, 가수도 없고, 끝도 없는 곳에서…"
— 오마르

　십이지궤양에 걸린 얼 헤이니라는 남성은 궤양 전문의를
비롯한 세 명의 의사에게 '치료 불가'라는 판단을 받았습니
다. 궤양 때문에 회사도 그만둔 헤이니는 '앞으로 살날이 얼
마 남지 않았으니 남은 시간이라도 즐겁게 살자. 세계일주를
하는 게 내 인생의 소원이었으니, 죽기 전에 얼른 떠나자.' 생
각했고, 그렇게 하기로 마음먹었습니다. 의사들의 만류에도
헤이니는 여행을 떠났습니다.
　바보 같은 걱정은 그만두고 배에서 게임도 하고, 노래도
부르고, 새로운 친구들도 사귀면서 행복한 시간들을 보냈지
요. 중국과 인도를 여행하며 가난과 굶주림에 시달리는 사람
들을 보니 자신의 문제는 별 것 아닌 것처럼 느껴졌습니다.
그가 미국으로 돌아왔을 때는 40킬로그램이나 늘어 있었지
요. 궤양에 걸린 것도 잊을 정도였습니다. 그 후로 그는 한 번
도 아픈 적이 없었다고 합니다.

도저히 풀리지 않는 문제처럼 느껴지는 일도 있는 그대로의 상황을 받아들이고, 마음을 가라앉히면 그동안 보지 못했던 해결의 실마리가 보일 것입니다.

지금 당신에게 일어난 가장 큰 일은 무엇인가요? 어떤 일 때문에 잠을 잘 수 없나요? 윌리스 캐리어가 고안한 3단계의 마법을 사용해 보세요.

1단계: 일어날 수 있는 최악의 상황이 무엇인지 스스로 답해 보세요.

2단계: 어쩔 수 없는 일이라면 그대로 받아들이세요.

3단계: 최악의 상황을 개선할 방법을 생각해 보세요.

우리가 걱정하고 근심하고 염려하는 일 가운데
96%는 실제로 일어나지 않는다고 합니다.
4% 때문에 96%의 즐거움과 행복을 놓치지 마세요!

"다른 사람이 가져오는 변화나
더 좋은 시기를 기다리기만 한다면
결국 변화는 오지 않을 것이다.
우리 자신이 바로 우리가 기다리던 사람이다.
우리 자신이 바로 우리가 찾는 변화다."

—버락 오바마

3장

격정이 당신의
인생에 끼치는 영향

"병원에 찾아오는 환자의 70퍼센트는 두려움과 걱정만 하지 않아도 병이 나을 사람들이다. 물론 그들이 거짓으로 아프다거나 꾀병이라는 것은 아니다. 신경성 소화불량, 위궤양, 심장병, 불면증, 두통과 마비 증상 중 일부는 걱정 때문에 생긴 병이다. 두려움은 걱정을 낳는다. 걱정은 사람을 긴장시키고 초조하게 만들어 신경에 영향을 끼친다. 그로 인하여 위액이 비정상적으로 분비되어 궤양을 일으키곤 한다."

― 걸프, 콜로라도주 산타페 병원 수석 의사

"위궤양은 당신이 먹는 것 때문에 생기지 않는다.
당신을 갉아먹고 있는 것이 위궤양을 낳는다."

― 조셉 몬테규, 《신경성 위 질환》 저자

"감정적 스트레스의 오르막과 내리막에 따라
궤양도 불타올랐다가 잠잠해지곤 한다."

― 알바레즈, 메이오 클리닉 대표원장

41

만약 성공의 대가로 심장병, 소화기관 궤양, 고혈압 가운데 하나를 앓는다고 하면 어떨까요? 실제 기업체 임원 176명을 대상으로 한 조사에서 3분의 1 이상 앞에서 말한 병 중 하나 이상 앓고 있었습니다. 이것이 과연 성공의 대가일까요? 심지어 그들은 스스로 성공했다고 생각하지 않습니다.

온 세상을 얻었다고 해도 건강을 잃는다면 무슨 소용이 있을까요?
세상의 전부를 가졌다고 해도, 결국 잘 곳은 한 곳이고
아무리 먹을 것이 많다고 해도, 결국 세 끼 이상 먹기 어렵습니다.

"의사들은 정신을 고치지 않고서도
육체를 고칠 수 있다고 착각한다.
하지만 정신과 육체는 하나다.
둘을 별개로 취급하면 안 된다."
— 플라톤

정신질환은 왜 생기는 걸까요? 누구도 정확하게 과학적으로 답하기 어려울 것입니다.

그러나 두려움과 걱정이 원인일 가능성이 상당히 높습니다. 불안에 시달리는 사람은 현실의 무게를 감당하지 못한 채 모든 관계를 끊고 자신이 만든 가상의 세계로 도망칩니다. 그들은 이런 식으로 걱정이라는 문제를 해결합니다.

아무리 건강한 사람이라도 걱정을 많이 하게 된다면 병이 생길 수밖에 없습니다. 주변 사람들만 보아도 걱정이 사람에게 미치는 영향을 알 수 있습니다. 카네기의 이웃 중 한 명은 걱정이 많아 신경쇠약에 걸렸고, 게다가 당뇨를 앓는 사람도 있습니다. 주식시장이 폭락하자 그의 혈당치가 치솟았다고 합니다.

프랑스의 철학자 몽네뉴는 자신의 고향 보르도에서 시장에 당선된 뒤에 시민에게 이렇게 말했습니다.

"저는 여러분이 저에게 맡겨준 이 일을 기꺼이 제 손으로 하겠지만, 간과 폐까지는 가져가지 않겠습니다."

휴식 그리고 기분 전환

불안한 마음을 평안하게 하고 아픈 몸을 회복시키는 가장 큰 힘은 건전한 신앙생활과 알맞은 수면, 즐거운 음악, 행복한 웃음입니다.

당신의 신을 믿고 아무런 걱정 없이 잠드세요.
좋은 음악을 사랑하고, 인생에서 즐거운 부분을 바라보세요.
그렇게 생활하면 건강한 삶을 살고 행복해진답니다.

당신의 인생을 사랑하나요?
건강하게 살고 싶은가요?

"바쁜 현대 도시에서도 내적 자아가 강한 사람들에게는
신경질환에 대한 면역력이 존재합니다."
— 알렉시스 카렐 박사

오늘날, 바쁜 도시에 살면서 평안을 유지할 수 있을까요?

몸도 마음도 건강한 사람이라면 당연하게 "그렇다" 하고 대답할 수 있을 거예요.

사람은 대부분 스스로 생각하는 것보다 훨씬 강합니다.

그렇기에 자신을 믿고 스스로의 신념을 따라 행동하세요.

"인간에게는 스스로 의식적인 노력을 통해 삶의 가치를 높이는 능력이 있다는 사실이 용기를 가져다준다. 자신이 꿈꾸는 방향으로 자신 있게 나아가라. 본인 스스로 상상한 삶을 살아가려고 노력하는 사람은 평소 기대했던 것보다 더 큰 성공을 이룰 것이다."

— 헨리 데이비드 소로의 《월든》 중에서

49

걱정에 관하여 알아야 할 기초 지식

1. 걱정을 그만하고 싶다면 윌리엄 오슬러 경의 말대로 해 보세요. '오늘에 충만한 삶을 사세요.' 미래에 관한 걱정만 하지 말고, 잠을 자기 전까지 오늘 하루를 충실하게 보내세요.

2. 만약 어떤 문제가 생겨서 어려움을 겪고 있다면, 윌리스 캐리어가 고안한 마법의 공식을 이용해 보세요.

- 1단계: 만약 문제를 해결하지 못했을 때 일어날 수 있는 최악의 상황은 무엇인가요?
- 2단계: 해결할 수 없다면, 최악의 상황을 받아들이세요.
- 3단계: 최악의 상황을 개선하기 위해 노력해 보세요.

3. 걱정이 당신의 건강에 끼치는 영향을 잊지 마세요. "걱정과 싸우는 방법을 모르는 사람은 일찍 죽습니다."

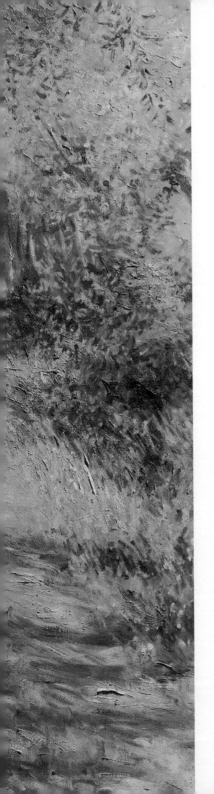

"실패를 걱정하지 말고,
시도조차 하지 않았을 때
놓치는 기회를 걱정하라."

— 잭 켄필드

4장

걱정을 분석하고
해결하는 방법

다양한 걱정거리를 해결하려면 가장 먼저 사실을 제대로 파악하는 것부터 해야 합니다. 사실을 제대로 파악하지 못한다면 문제를 지혜롭게 해결할 시도조차 할 수 없기 때문입니다. 진실을 정확하게 모르면 혼란 속에서 불안한 마음으로 지낼 수밖에 없습니다.

걱정거리가 생길 때마다 두 가지 질문과 그에 대한 답을 적어 보세요.

1. 나는 무엇을 걱정하고 있는가?

2. 내가 할 수 있는 일은 무엇인가?

머릿속으로 생각만 하는 것과는 다른 결론에 도달할 수 있습니다. 진짜 내 안에서 무엇을 문제로 느끼고 있는지, 무엇 때문에 힘든 것인지 좀 더 솔직하게 이야기해 보세요.

무엇을 해야 하는지 깨달았다면 이제 결정을 내려야 합니다. 목표에 다가가지 못하고 계속 같은 자리를 서성여야 한다면 얼마나 괴로울까요?

명확하게 결론에 다다랐다면 확고하게 결정을 내려야 합니다. 그 순간 걱정의 50퍼센트가 사라질 것입니다. 남은 50퍼센트 가운데 40퍼센트는 결정하고 실행에 옮기는 순간 사라질 거랍니다. 그렇게 90퍼센트의 걱정을 사라지게 만들 수 있습니다.

우리가 진정 고민해야 할 것은 10퍼센트에 불과합니다. 그러니 먼저 90퍼센트를 사라지게 합시다.

3. 무엇을 할지 결정하세요.

4. 결정한 대로 즉시 움직이세요.

일단 결정을 모두 마치고 실천에 옮기는 일만 남았다면, 결과에 관한 책임이나 의무는 이제 신께 맡기세요.

걱정을 분석하는 가장 완전한 네 가지 방법

1. 사실을 파악하세요.

"세상 걱정의 절반은 결정을 내리는 데 기초가 될 만한 지식이 부족한 상태에서 결정하려고 하기 때문에 생깁니다."라고 말한 컬럼비아 대학의 호코스 학장의 말을 기억하세요.

2. 모든 사실을 신중하게 검토하고 나서 결정을 내리세요.

제대로 확인해야 어떻게 행동해야 할지 보입니다. 그러니 먼저 문제의 본질을 파악하고 그 사실을 면밀히 검토하세요.

3. 일단 결정을 내렸다면 행동하세요.

행동하는 것에 집중하고, 행동에 관한 결과는 신께 맡기고 걱정하지 말도록 해요.

4. 만약 어떤 문제로 걱정하고 있다면, 다음 네 가지에 대한 답을 적어 보세요.
① 무엇이 문제인가요?
② 문제의 원인은 무엇인가요?
③ 문제를 해결할 방법에는 어떤 것들이 있나요?
④ 가장 좋은 해결책은 무엇인가요?

걱정을 반으로 줄이는 네 가지 질문을 해보세요.

1. 무엇이 문제인가요?

_____

_____

_____

2. 문제의 원인은 무엇인가요?

_____

_____

_____

3. 문제를 해결할 방법에는 어떤 것들이 있나요?

_____

_____

_____

4. 당신은 어떤 해결 방법을 선택할 건가요?

_____

_____

_____

"걱정과 고민에는 큰 차이가 있다.
걱정하는 사람은 문제만 바라보지만,
고민하는 사람은 그 문제를 해결할 수 있는
방법을 찾기 때문이다."

— 데일 카네기

5장

걱정을 사라지게 하는 방법

"걱정할 시간이 없습니다!"

영국의 총리였던 윈스턴 처칠은 제2차 세계대전이 절정으로 치달았을 때 하루에 18시간씩 일했습니다. 바쁜 그에게 누군가 현재 상황이 걱정되지 않냐고 물었지요. 그때 처칠은 "너무 바빠서 걱정할 시간조차 없습니다!"라고 했습니다.

바쁘게 사는 것이 걱정을 없애는데 좋은 방법이라고 합니다. 아무리 대단한 사람이라고 해도 정해진 시간에 '한 개' 이상 생각할 수 없습니다. 동시에 두 가지 생각을 할 수는 없습니다.

감정의 영역도 같습니다. 즐거운 일을 하면서 활력과 열정을 느낄 때 다른 걱정으로 힘들어하기는 어렵습니다. 하나의 감정이 다른 감정을 몰아냅니다.

정신과 의사들은 바쁘게 사는 것이 최고의 정신질환 치료제 중 하나라고 합니다.

"행동에 몰두해야겠다, 절망 속에 시들어 갈 수는 없으니…."

— 알프레드 테니슨

삶이 여유로울 때 인간의 정신은 진공 상태에 가깝다고 합니다. 물리학을 공부했다면 아마도 "자연은 진공 상태를 싫어한다."라는 말을 들어보았을 겁니다.

우리 주변에서 흔히 볼 수 있는 백열전구의 내부가 바로 진공 상태에 가깝습니다. 전구를 깨뜨리면 자연스럽게 공기가 유입되어 이론적으로 그 공간을 가득 채울 것입니다.

이처럼 진공 상태에 있는 정신도 채워지게 마련입니다. 바로 걱정과 두려움, 질투, 부러움, 분노 등과 같은 감정이 역동적이기에, 이렇게 부정적인 감정이 평화롭고 행복한 생각과 느낌을 마음속에서 몰아내 버립니다.

"걱정에 지쳐 쓰러지기 쉬울 때는 열심히 일하는 순간이 아니라 하루를 마친 뒤이다. 그때가 되면 전에 했던 사소한 실수 때문에 큰 일이 생길 것처럼 터무니없는 상상을 하게 되고, 그 결과 뇌가 타버릴 것처럼 걱정하게 된다. 걱정을 치료하는 방법은 건설적인 어떤 일에 몰두하는 것뿐이다."

— 제임스 머셀

열심히 바쁘게 살지 않는다면 가만히 앉아서 생각만 하게 된답니다. 그렇게 되면 마음을 공허하게 만드는 '위버 기버 (wibber gibber)'가 계속해서 늘어날 거예요. 위버 기버는 찰스 다윈이 만든 말로 실행력과 의지를 파괴하는 작은 악마 같은 마음을 말한답니다.

걱정하는 마음도 습관이 됩니다. 걱정 때문에 절망에 빠져들었다면 가장 좋은 해결책은 걱정할 틈 없이 바쁜 삶을 사는 것입니다.

"비참해지는 비결은 스스로 행복한지 아닌지에 관하여 고민할 여유를 갖는 것이다!"
— 조지 버나드 쇼

"사소한 일에 신경 쓰기에는 인생이 너무나도 짧다."

— 벤저민 디즈레일리, 영국 수상

디즈레일리의 말은 프랑스 소설가 앙드레 모르아가 겪었던 고통스러운 경험을 극복하게 도와주었습니다. 앙드레는 이렇게 이야기 했습니다.

"인간은 무시하고 잊어버려야 할 사소한 일 때문에 속상해합니다. 고작 몇십 년 살다가 땅으로 돌아갈 텐데 말이지요. 시간이 지나면 잊힐 걱정을 하면서 소중한 시간을 낭비합니다. 그렇게 시간을 낭비하지 말고, 가치 있는 행동과 감정, 원대한 생각, 진정한 사랑, 가치 있는 일에 삶을 바쳐야 합니다. 사소한 일에 신경 쓰기에는 우리의 인생이 너무 짧기 때문이지요."

무시하고 잊어야 할 사소한 일로 속상해하지 말아요. 그런 일 때문에 시간을 낭비하기에는 인생은 짧으니까요.

세상에서 가장 중요한 문제는 무엇일까요? '어떻게 하지?' '뭐라고 해야 할까?' 길을 걸으며 계속해서 고민해 보았습니다.

세월이 흐르며 어릴 적 내가 했던 고민 중 99퍼센트는 실제로 일어나지 않는다는 것을 알게 되었습니다. 예를 들어 번개에 맞을까 봐 두려웠지만, 1년 동안 벼락에 맞아 죽을 확률은 35만 분의 1밖에 되지 않았습니다.

오늘날 다섯 명 중 한 명이 암으로 사망합니다. 만약 걱정을 한다면 벼락을 맞는 것보다 암에 걸려 죽지 않을까 걱정하는 편이 나아 보입니다.

이런 걱정을 줄이고 싶다면 '평균의 법칙'을 적용해 보세요. 걱정거리의 90퍼센트는 줄어들 거예요.

세계적인 보험사인 영국의 런던 로이즈는 실제로 일어나지 않은 일을 걱정하는 사람들의 성향을 파악해 큰돈을 벌었습니다. 재난에 대비하기 위해 많은 사람이 보험에 들지만, 실제로 일어나는 일은 그리 많지 않습니다. 덕분에 로이즈는 200년에 걸쳐 계속해서 성장할 수 있었습니다.

"당신이 1년 동안 취급하는 화물차가 몇 대인가요?"

"약 2만 5000대 정도 됩니다."

"그중에 몇 대가 고장 났죠?"

"아마 다섯 대 정도요."

"그럼 2만 5000대 중에 겨우 다섯 대라고요? 평균의 법칙에 따라 차가 고장 날 확률은 5000분의 1이네요. 그런데 대체 뭐가 걱정이죠?"

지나친 고민으로 위궤양에 걸렸던 제임스 A.의 이야기입니다. 그는 스스로에게 물어보았습니다.

"실제 다리가 무너져서 고장난 화물차가 몇 대지?"

"아직까지 한 대도 없군."

일어나지 않은 일 때문에 위궤양에 걸릴 정도로 걱정이 많았던 제임스는 스스로를 한심하게 여겼습니다. 그리고 나서 당장 평균의 법칙을 모든 문제에 적용하기로 결심했지요.

"체념은 삶이라는 여행에서 가장 중요한 준비물이다."

— 아르투어 쇼펜하우어

당신에게 주어진 환경이 당신을 행복하게 하거나 혹은 불행하게 만들 수 없습니다. 인간의 감정은 환경에 반응하는 방식, 인간이 어떻게 반응하는 지에 달렸습니다. 예수는 천국이 우리 안에 있다고 말했습니다. 그렇다면 지옥도 마찬가지입니다.

어쩔 수 없는 상황에서 아무리 크나큰 재난과 불행을 만나더라도 견딜 수 있습니다. 진짜 가능할지 의심이 들겠지만, 인간의 마음은 생각보다 강력한 힘이 있기 때문에 어떤 시련도 견뎌낼 수 있습니다.

당신은 당신이 생각하는 것보다 강합니다.

"어쩔 수 없는 일이라면 담담하게 받아들여야 한다!"

— 소크라테스

걱정을 없애고 마음을 단단하게 만드는 다섯 가지

1. 부지런히 활발하게 생활합시다. 걱정도 습관이기에 다른 습관으로 채워보세요.

2. 시소한 일 때문에 스스로의 행복을 망치지 말아요.

3. 평균의 법칙을 사용해 그 일이 실제로 일어날 확률을 계산해 보세요.

4. 피할 수 없는 일은 받아들이세요. 대신 어떻게 해결할지 고민해 보아요.

5. 이미 지나간 일입니다. 과거 때문에 스스로를 괴롭히지 말아요.

"인생은 고통이며 공포다.
그러므로 인간은 불행하다.
하지만 고통과 공포조차 사랑하기 때문에
인간은 인생을 사랑한다."

— 도스토예프스키

6장

인생을 바꿔줄 단 한 문장

"사람이 온종일 생각하는 것, 그것이 바로 그 사람이다!"
— 랄프 왈도 에머슨

만약 당신이 무슨 생각을 하는지 안다면, 당신이 어떤 사람인지도 알 수 있습니다. 당신의 생각이 당신을 만듭니다. 당신이 해결해야 할 가장 큰 문제는 올바른 생각을 선택하는 것이라고 말할 수 있습니다.

행복한 생각을 하면 행복해집니다. 반대로 불행한 생각을 하면 불행해집니다. 두렵다고 생각하면 두려워질 것이고, 아프다고 생각하면 병이 들 것입니다. 할 수 없다고 생각하면 분명 실패할 것입니다. 스스로 불행하다고 여겨 허우적거린다면, 모든 사람에게서 외면당하게 될 것입니다.

"당신이 생각하는 자기 모습은 실제와 다릅니다.
당신의 '생각'이 바로 당신입니다!"

인생이란 소설과 같은 이야기가 아닙니다. 그렇다고 해서 인생을 비관적으로 생각하거나 부정적인 태도로 살기보다는 긍정적인 자세를 유지해야 합니다. 문제에 관심을 가져야 하는 것은 맞지만 걱정해서는 안 됩니다. 관심과 걱정은 다릅니다.

그렇다면, 관심과 걱정의 차이는 무엇일까요?

저는 교통이 혼잡한 뉴욕의 길거리를 건널 때마다 차를 조심하며 내 행동에 관심을 가지지만, 갑작스럽게 교통사고를 당할지 걱정하지는 않습니다. 관심은 문제가 무엇인지 깨닫게 하고 그에 침착하게 대응하려고 조처하는 것을 말합니다. 반면, 걱정은 쓸데없이 쳇바퀴를 미친 듯이 도는 것과 같습니다.

"행복을 잃었을 때 그것을 되찾는
가장 좋은 방법은 행복한 마음으로
이미 행복한 사람처럼 말하고 행동하는 것입니다."

제임스 앨런의 《나를 바꾸면 모든 것이 변한다》를 읽고 데일 카네기는 인생이 송두리째 바뀌었다고 합니다.

'생각이 인생을 바꾼다'

사람은 사고를 통해 인생을 파괴할 수도, 훌륭하게 변화시킬 수도 있습니다. 사색을 많이 하고 내면을 가꾸면 외면의 모습도 변화합니다. 아무리 마음속 깊은 곳에 무언가를 감추려 해도 내면의 모든 것은 언젠가는 외면으로 나타납니다. 불순하고 이기적인 마음은 불운과 불행을 부르고, 순수하고 이타적인 마음은 행운과 행복을 부릅니다.

마음은 같은 성질의 것을 끌어 모으고, 그 이외의 것은 버리기 때문입니다. 이 사실을 깨닫게 되면 우주를 지배하고 있는 '원인과 결과의 법칙'도 알게 됩니다. 인생에서 발생하는 모든 사건은 그 결과가 어떻든 간에 원인과 결과의 법칙을 따르는 것입니다.

오늘 하루만큼은

1. 오늘 하루만큼은 행복하게 보낼 것입니다. 에이브러햄 링컨이 "사람들 대부분 마음먹은 만큼만 행복하다"라고 했습니다. 환경이 문제가 아닙니다. 행복은 우리 마음에서 나오기 때문입니다.

2. 오늘 하루만큼은 주어진 상황에 적응하려고 노력하겠습니다. 가족, 업무, 행운을 모두 있는 그대로 받아들이고, 거기에 나 자신을 맞추겠습니다.

3. 오늘 하루만큼은 내 몸을 잘 돌보겠습니다. 학대하거나 무시하지 않고 좋은 음식을 통해 영양을 충분히 공급하고, 운동도 하고 정성껏 돌보아 내 몸을 내 마음대로 움직일 수 있게 만들겠습니다.

4. 오늘 하루만큼은 정신을 단련하겠습니다. 삶에 쓸모 있는 것들을 배우며 정신적으로 나태해지지 않게 노력하겠습니다.

5. 오늘 하루만큼은 세 가지 일을 하면서 내 영혼을 훈련하겠습니다. 다른 사람이 알지 못하게 친절을 베풀도록 하겠습니다. 윌리엄 제임스가 제안했던 것처럼 원치 않는 일도 적어도 두 가지는 하겠습니다.

6. 오늘 하루만큼은 즐거운 사람이 되려고 노력하겠습니다. 밝은 표정과 함께 어울리는 옷을 입고, 다른 사람들에게 상냥하게 이야기하고, 예의 바르게 행동하고, 반대로 비판하는 듯한 칭찬이나 충고 및 통제는 하지 않겠습니다.

7. 오늘 하루만큼은 삶의 모든 문제를 당장 해결하려고 하지 않겠습니다. **내게 주어진 하루를 열심히 살아가는 데만 집중하겠습니다.** 평생 일하라고 하면 끔찍하게 싫겠지만, 하루 8시간만 하라고 하면 할 수 있습니다.

8. 오늘 하루만큼은 리스트에 적힌 대로 살겠습니다. 시간마다 해야 할 일을 적어두고, 전부 따르지는 못하더라도 계획은 세우겠습니다. 최소한 서두름과 우유부단에서 헤어 나올 수 있습니다.

9. 오늘 하루만큼은 30분 정도는 스스로를 돌보는 시간을 갖겠습니다. 혼자 조용히 쉬면서 삶에 대한 균형 잡힌 시선을 찾을 수 있게 노력하겠습니다.

10. **오늘 하루만큼은 두려워하지 않겠습니다.** 행복하지 않을까, 아름답지 않을까, 사랑하지 못할까, 상대방이 나를 사랑하지 않을까 두려워하지 않겠습니다.

"인생에 주어진 의무는
아무 것도 없다.
그저 행복하라는
한 가지 의무뿐,
우리는 행복하게 살기
위해 세상에 왔다."

— 헤르만 헤세

7장

지혜롭게 복수한다

믿고 있던 사람에게 배신당하거나, 사랑하는 사람이 부정을 저질렀을 때 사람이라면 누구나 복수하고 싶은 마음에 사로잡힙니다.

　그 사람을 너무나도 증오할 때 우리는 그 사람에게 지배권을 넘겨주게 됩니다. 잠도 잘 수 없고, 음식이 넘어가지 않고, 혈압도 오르는 등 건강을 해치게 될 수 있습니다. 내 행복은 그 사람에게 있는 것이죠.

　정말 그 사람에게 복수하고 싶은가요? 복수하려는 생각이 당신을 해칠 수 있습니다. 건강 관련 잡지에서 "마음속에 분노가 많은 사람 중 대체로 고혈압을 앓고 있습니다. 특히 만성적으로 분노하는 사람은 만성적인 고혈압과 심장병에 걸립니다."라는 글을 보았습니다.

　그렇기에 "원수를 사랑하라"는 예수의 말은 우리에게 질병을 피하는 방법을 가르쳐준 것입니다.

　원수를 사랑하기 어렵다면 원수를 잊도록 노력해 보세요. 원수보다 자기 자신을 더 사랑하세요. 나를 더 사랑해 주세요.

"적 때문에 용광로를 뜨겁게 달구지 말라.
그러다가 당신이 먼저 화상을 입게 된다."

― 윌리엄 셰익스피어

우리가 성인(聖人)이 아닌 이상 무조건 원수를 사랑하기는 어렵습니다. 진정한 복수는 원수를 잊고 스스로의 행복을 위해 사는 것입니다. 이것이 가장 현명한 행동입니다.

"화낼 줄 모르는 사람은 바보지만, 화내지 않는 사람은 현명하다"라는 격언이 있습니다. 화를 낼 만한 일에 화를 내는 것은 꼭 필요합니다. 그러나 계속해서 분노하면서 살 수는 없습니다.

월가의 외로운 늑대라는 별칭으로 불렸던 버나드 바루크는 미국의 여섯 대통령의 고문으로 일했습니다. 그에게 정적들의 공격으로 힘들었던 적이 있는지 카네기가 물었습니다.

"아무도 저의 화를 돋우거나 모욕감을 느끼게 하지 못했습니다. 제가 그렇게 내버려두지 않았으니까요."

그렇습니다. 어떤 누구도 나를 화나게 하거나 모욕감을 느끼게 할 수 없습니다. 내가 화를 내지 않는다면, 모욕감을 느끼지 않는다면 그만이니까요.

그 누구보다 나 자신이 가장 중요합니다.

"뿌린 대로 거둔다."

— 에픽테토스

모든 사람은 자기 잘못에 대한 대가를 언젠가는 치르게 마련입니다. 이것을 기억한다면 누구에게도 화를 내지 않을 수 있습니다. 또한 누구도 악담하지 않고 비난하지도 않으며 도발하지도 않고, 증오하지 않을 수 있습니다.

링컨만큼 미국의 지도자 가운데 많은 사람에게 비난받고 증오의 대상이자 숱하게 배신을 당한 사람은 없을 것입니다. "링컨은 자기를 욕하는 적이라고 해도 어떤 일에 적합한 사람이라고 판단하면 서슴없이 그를 기용했습니다." 링컨의 대표적인 전기를 쓴 헌던이 링컨에 대해 평가한 말입니다.

"우리는 모두 스스로 한 일 때문에 칭찬을 받아서는 안 됩니다. 또한 자기가 한 일이나 하지 않은 일로 비난을 받아서는 안 됩니다. 우리의 현재와 미래는 각각의 조건과 상황, 환경, 교육, 후천적 습관, 유전 등으로 인하여 만들어지기 때문입니다."

— 에이브러햄 링컨

"교양이 있는 사람만이 고마움을 표현할 수 있다.
교양이 없는 사람에게 고마움을 기대하지 말라."
— 사무엘 존슨

우리는 타인을 위해 기꺼이 희생할 때가 있습니다. 그런데 상대방이 당신의 호의를 당연하게 여겨서 속상한 적이 있을 것입니다. 아쉽게도 사람들이 감사를 잊는 일은 너무나도 당연합니다.

그렇기에 애초에 상대방에게 감사한 마음을 기대하지 말아 보세요. 간혹 상대방이 고마움을 표현한다면 놀라움을 경험할 거예요. 만약 그렇지 않더라도 크게 낙담하지 않을 거랍니다.

누군가 내가 한 호의에 고마운 마음을 항상 표현하기 바란다면, 계속해서 실망하는 일이 많을 거예요.

인간의 본성은 결코 변하지 않습니다. 아마도 당신이 사는 동안에도 달라지지 않을 것입니다. 그러니 있는 그대로를 받아들이는 편이 좋습니다.

"인간은 타인에게 베풀 때 기쁨을 느끼고,

도움을 받을 때 부끄러워한다.

친절은 우월함을 상징하지만,

친절을 받는 것은 열등함을 나타내기 때문이다."

— 아리스토텔레스

마음의 평안과 행복을 얻는 방법 세 가지

1. 고마움을 모르는 사람들 때문에 힘들어하지 마세요. 당연하다고 받아들이면 마음이 편해집니다. 성경에 예수가 나병환자를 하루에 열 명이나 고쳤지만, 그들 중 오직 한 명만이 고맙다고 말했습니다.

2. 우리가 행복해질 수 있는 유일한 방법은 기버(Giver)의 삶을 사는 것입니다. 성공한 사람들 대부분 기버의 삶을 살고 있습니다. 타인에게 바라지 않고 베풀 때 진정한 기쁨을 느낀답니다.

3. 고마운 사람에게 마음을 표현하세요. 생각만큼 쉽지 않기 때문에 마음을 표현하는 것은 자녀가 있다면 어릴 때부터 꼭 가르쳐주세요. 어른이 먼저 모범을 보여야 합니다.

"나는 신발을 살 수 없을 정도로 가난해서 우울했다.
거리에서 발이 없는 한 남자를 보기 전까지."
— 헤럴드 애보트

우리가 걱정하고 고민하는 일들 가운데 실제로 일어나는
건 약 10퍼센트라고 합니다. 90퍼센트가 별 탈 없이 좋은 하
루를 보낸다고 한다면, 우리는 10퍼센트 때문에 90퍼센트의
소중함은 잊고 살게 되는 것이죠.

"인간은 스스로 가진 것에 감사하지 않고, 항상 가지지 못한
것에 아쉬워한다."
— 아르투어 쇼펜하우어

가지고 싶은 것, 이뤄내고 싶은 것 때문에 걱정하며 불안한
하루를 보내고 있다면, 지금 내가 가진 것에 감사해 보세요.

"인생에서 목표로 할 만한 두 가지가 있다.
첫째, 원하는 것을 쟁취하라. 둘째, 그것을 즐겨라.
오직 현명한 사람만이 두 번째 것을 가질 수 있다."
— 로건 피어설 스미스

50년 동안 한쪽 눈으로만 세상을 살던 여성, 보그힐드 달은 불편한 눈으로 책을 읽으며 문학을 공부했고 문학 석사 학위를 받았습니다.

다행히도 그녀가 52세 때 기적적으로 수술을 받아 이전보다 세상을 잘 볼 수 있게 되었습니다. 시력이 조금 좋아지자, 그녀는 참새들이 날아다니는 바깥 풍경부터 새하얗게 세상을 물들이는 눈도 모두 감사하다고 그녀의 책에 남겼습니다.

우리가 매일 보는 풍경마저 감사하다고 느낄 수 있다면 지금 자신을 짓누르는 고민과 걱정이 사라지게 될 것입니다.

지금 이 순간, 내가 가진 것에 감사해 보세요.

"역사만큼 오래되고, 인간의 삶만큼 보편적이다."

— 제임스 고든 길키

데일 카네기는 배우가 되고 싶은 마음에 뉴욕으로 올라와 미국 공연예술 아카데미에 등록했습니다. 유명 배우들의 성공 비결을 연구한 뒤에 그들의 장점만을 뽑아 모방하기로 결심했습니다. 너무나도 쉽게 간단하면서도 확실하게 성공할 방법인데, 대체 왜 많은 사람이 지금껏 이렇게 하지 않았는지 의아하게 생각했지요.

그런데 카네기는 누군가를 모방하느라 인생의 몇 년을 허비하고 나서야 비로소 그가 다른 어떤 사람도 될 수 없다는 것을 깨달았습니다.

그럼에도 몇 년 뒤에 책을 쓸 때도 같은 실수를 저질렀죠. 많은 작가의 좋은 글귀들을 빌려 한 권에 담으면 최고의 책이 될 것만 같았습니다. 1년 동안 작업한 것을 쓰레기통에 그대로 버리고 나서야 다시 시작할 수 있었습니다.

"나는 셰익스피어에 필적하는 책을 쓸 수 없다.
하지만 내 책이라면 쓸 수 있다."

— 월터 롤리

그대 만일

그대 만일 언덕 꼭대기에 있는 소나무처럼 될 수 없다면
골짜기에 있는 관목이 되어라.
시냇가에서 가장 좋은 관목이 되어라.
나무가 될 수 없으면 덤불이라도 되어라.

그대 만일 덤불이 될 수 없다면, 한 포기의 풀이 되어라.
그래서 큰길을 아름답게 하라.
그대 만일 강능치고기가 될 수 없다면 배스가 되어라.
호수에서 가장 힘 쎈 배스가 되어라.

우리 모두 선장이 될 수 없으니, 누군가는 선원이 되어라.
누구든지 할 일은 있다.
큰일도 작은 일도 있다.
우리가 해야만 하는 일은 주변에 있다.

그대 만일 큰길이 될 수 없다면, 오솔길이 되어라.
그대 만일 태양이 될 수 없다면, 별이 되어라.
이기고 지는 건 크기에 따르지 않는다.
무엇이든 최고가 되어라!

"복수할 때 인간은 적과 같은 수준이 된다.
하지만 용서할 때 그 사람은
적보다 우월한 존재가 된다."

— 프랜시스 베이컨

8장

내 마음에 평화와
행복을 부르는 방법

"레몬을 얻으면 레모네이드를 만들라."

— 줄리어스 로젠월드

인생에서 어려운 일을 만나면 어리석은 사람들은 곧바로 포기합니다. 그러고 나서 "나는 실패했어. 이건 운명이야. 더는 기회가 없어"라고 하면서 자기 연민에 빠져 위로 하며 세상을 욕합니다. 너무나도 낙담해서 레몬을 레모네이드로 바꿀 가망이 전혀 없다고 생각할 수도 있습니다. 그럼에도 우리가 노력해야 하는 이유 두 가지가 있습니다.

하나, 성공할 수도 있습니다.

둘, 성공하지 못한다고 해도 시도 자체만으로 과거가 아닌 미래를 바라볼 수 있게 됩니다. 부정적인 사고를 긍정적인 생각으로 바꾸는 효과가 있습니다.

"A현이 끊어지더라도 나머지 세 현으로 연주를 끝까지 해내는 것이 바로 인생이다."

— 해리 에머슨 포스딕

해리 에머슨 포스틱의 말처럼 남은 세 현으로 끝까지 연주를 한다면 그것은 그냥 인생이 아니라 '성공한 인생'이 될 것입니다.

아들러 박사는 사람들에게 날마다 타인을 위해 좋은 일을 해야 한다고 충고합니다. 매일 좋은 일을 하면 무엇이 좋을까요? 나만 생각하다 보면 걱정과 근심에 휩싸여 우울증에 걸리기 쉽습니다. 다른 사람의 행복을 위해 노력하다 보면 자신에 대해 생각할 겨를이 없어지기 때문에 걱정과 근심이 사라집니다.

우리의 인생이 아무리 단조롭다고 해도 우리는 날마다 여러 사람을 만납니다. 당신은 그들에게 어떻게 행동하나요?

타인을 위해 좋은 일을 하라는 말이 아주 거창한 일을 하라는 게 아닙니다. 타인에게 미소를 지으며 인사하는 것부터 시작해 보세요. 그러면서 그 사람이 무엇을 좋아하는지, 어떤 일을 하고 있는지 관심사에 관하여 물어보세요.

인간은 모두 자신에 관하여 타인에게 말할 때 즐거워합니다. 타인에게 즐거움을 주는 일은 그리 어렵지 않습니다.

내 마음을 더 단단하게 하는 여덟 가지 자세

1. "내 생각이 내 삶을 만듭니다! 용기, 건강, 희망에 대한 생각으로 머리를 가득 채웁시다.

2. 복수하겠다는 생각으로 내 인생을 망치지 마세요. 남을 해치려다 내가 더 다칩니다.

3. 감사할 줄 모르는 사람 때문에 마음 아파하지 말아요. 당연다고 생각하세요.

4. 감사하는 사람이 되세요. 주는 기쁨을 즐기는 기버의 삶을 사세요.

5. 문제보다 내가 받은 복에 집중하세요.

6. 타인의 삶을 모방하기보다 내 모습대로 살도록 해요.

7. 운명이 레몬을 건네면, 레몬으로 레모네이드를 만들려고 노력하세요.

8. 타인에게 작은 행복을 주려고 노력하다 보면, 내 불행은 잊게 됩니다.

"철학을 얕게 공부한 사람은 신이 없다고 믿지만
철학을 깊게 사유한 사람은 종교를 갖게 된다."

— 프랜시스 베이컨

예수는 인간이 종교를 위해 존재하는 것이 아니라 종교가
인간을 위해 존재한다고 가르쳤습니다. 인간을 위해 안식일
을 만든 것이지, 안식일을 위해 인간을 만든 것이 아니라고
했습니다. 또한 죄보다 두려움에 대해 더 많은 이야기를 했
습니다. 그가 보기에는 '그릇된 두려움'이야말로 죄라고 말
합니다. 그래서 "두려워하지 말라"고 가르칩니다.

인간은 살면서 한계에 부딪히거나 괴로운 일이 생길 때면,
신을 찾습니다. 그럴 때만 찾는 것이 아닌 평소에도 신을 믿
는다면 걱정과 괴로움에서 좀 더 빨리 벗어날 수 있습니다.

"믿음은 인간이 살아가게 하는 원동력이다.
따라서 믿음이 없는 인간은 무너질 수밖에 없다."

— 윌리엄 제임스

"스스로를 신뢰하는 순간
어떻게 살아야 할지
깨닫게 된다."

— 요한 볼프강 폰 괴테

9장

누군가 나를 비난하거나
비판할 때 대처하는 법

"천박한 사람들일수록 위인들의 실수와 잘못에 커다란 기쁨을 느낀다."

— 아르투어 쇼펜하우어

누군가 당신을 때리거나 비판할 때, 그 가해자는 스스로를 당신보다 더 대단하다고 느낄 것입니다. 당신이 훌륭한 일을 해냈거나 주목받을 만한 가치가 있는 사람이라는 것을 잊지 마세요. 쇼펜하우어가 말했던 것처럼 자기보다 똑똑하고 성공한 사람들을 비난하면서 만족감을 느끼는 사람들이 있습니다.

부당한 비판은 칭찬의 다른 모습이라는 것을 기억하세요. 비난이나 비판을 받을까 봐 너무 두려워하지 마세요.

당신은 소중한 사람입니다.

"뛰어난 사람들은 비판을 받을 수밖에 없다. 그러니 비판에
익숙해져야 한다."

— 매튜 브러시

다른 사람들이 당신을 비판하는 것을 막을 수는 없습니다.
사람들 모두 각자의 생각으로 행동하니까요. 하지만 어떤 부
당한 일을 당할 때 당신은 결정할 수 있습니다. 정당한 비판
인지 아닌지를 판단하고 부당하다고 느낀다면 스스로를 그
비판에서 지켜야 합니다. 그 무엇보다 중요한 일은 내가 나
를 지키는 것입니다.

많은 사람이 타인을 위해 기꺼이 행동하는 사람들이 많습
니다. 가족, 친구, 동료, 심지어 불쌍한 사람들을 위해 돕습니
다. 어른이 되면서 타인을 배려하는 일이 많아질수록 자기
자신을 챙기는데 서툴러집니다.

가장 잊지 말아야 할 일은, 나 자신을 더 많이 사랑하고 지
키는 일입니다.

137

"나에 관한 모든 공격을 예견하고 반박하려고 했다면, 나는 다른 일을 할 수 없었을 것이다. 나는 스스로를 잘 알고 있고, 내가 할 수 있는 최선을 다하는 중이다. 전쟁이 끝날 때까지 그럴 것이다. 만약 결과가 좋다면 나를 향한 화살은 사라질 것이다. 반대로 결과가 좋지 않다면 열 명의 천사들이 내 결백을 증언해준다고 해도 나는 비판받아 마땅한 사람이 될 것이다."

— 에이브러햄 링컨

남북전쟁 중에 링컨이 했던 말입니다. 링컨처럼 먼저 할 수 있는 한 최선을 다해보세요. 그런 다음에도 비난이나 비판을 받는다면 내 마음이 비판이라는 빗줄기에 젖지 않게 우산을 씌워주세요.

"내가 몰락한 것은 바로 나 때문이다.

나는 나의 가장 큰 적이자 비참한 운명의 원인이다."

— 나폴레옹 보나파르트

데일 카네기는 '내가 저질렀던 바보 같은 행동들'이라는 'FTD(Fool Things I Have Done)' 폴더를 만들어, 그가 저질렀던 어리석은 일들에 관하여 기록하고 보관하였습니다. FTD 폴더를 열어 스스로에 관한 비판을 읽을 때마다 "데일 카네기를 어떻게 관리해야 할까?" 고민하고 문제를 해결하기 위해 노력했습니다.

인간이라면 문제가 생길 때마다 다른 사람을 탓하기 쉽습니다. 나이가 들면서 지혜가 늘어가면서 불행의 원인은 나 자신이라는 것을 깨닫습니다.

더 나은 사람이 되고 싶다면 어제 했던 잘못에서 무엇이 문제인 지를 깨닫고 반성해 보세요. 오늘은 그 잘못을 하지 않으려고 노력해 보세요. 만약 잘못을 하지 않았다면 스스로를 칭찬해 주세요.

타인의 비난과 비판에도 걱정하지 않는 방법

1. 타인의 무리한 비난은 칭찬의 다른 모습이에요. 그 사람이 당신을 부러워해 질투한다는 것을 잊지 마세요.

2. 먼지 내가 하는 일에 최선을 다하세요. 그런 다음 비난의 화살이 당신의 마음을 뚫지 못하게 방패로 막아 주세요.

3. 비난과 비판은 달라요. 스스로 자신이 저지른 어리석은 일을 기록하여 똑같은 일이 발행하지 않게 노력해 보세요. 인간은 완벽하지 않습니다. 누구나 실수할 수 있습니다. 부당한 비난에는 내 마음이 다치지 않게 보듬어 주세요.

그러나 비판 받을 만한 일을 했다면 반성하고 똑같은 일을 되풀이하지 않게 노력해 보아요. 그러다 보면 어제보다 더 나은 내가 되어 있을 거예요.

더 나은 내가 되는 질문 네 가지

1. 내가 한 실수는 무엇인가요?

_____

_____

2. 잘한 일은 무엇인가요?

_____

_____

3. 어떻게 하면 더 좋은 성과를 낼 수 있을까요?

_____

_____

4. 그 일에서 무엇을 배워야 할까요?

_____

_____

"비판은 별로 달갑지 않다.
하지만 꼭 필요한 것이다.
비판은 인체에 고통이 하는
일과 같은 기능을 한다.
그러나 잘못된 상황에
주의를 환기시켜 준다."

—윈스턴 처칠

10장

인간이 하는 걱정 중 70%는 돈에 관련된 문제입니다. 돈을 가지고 무엇을 할지는 오로지 내 몫입니다. 지금도 통하는 데일 카네기의 돈에 관한 10가지 규칙을 알아봅시다.

규칙 1. 한 달간 내가 쓰는 돈을 기록해 보세요.
예산 전문가들이 최소 한 달, 혹은 세 달 정도 자신이 지출하는 모든 돈을 꼼꼼하게 기록하라고 합니다. 단돈 100원까지 기록하다 보면 내가 어떻게 지출하는지 제대로 알 수 있기 때문에 예산을 세우는 기준이 됩니다.

규칙 2. 필요에 맞게 예산을 세워보세요.
예산에 맞춰 생활하는 사람들이 훨씬 행복하다고 합니다. 자신에게 맞는 예산을 세우고 나서, 필요하다면 재정전문가에게 조언을 구하는 것도 좋습니다.

규칙 3. 소비는 현명하게 합니다.
필요한 걸 구입하는 것과 사고 싶은 걸 구매하는 것은 다릅니다. 효율적으로 소비할 수 있게 계획을 세워보세요.

규칙 4. 소득이 늘어나도 소비가 많이 늘지 않게 주의해야 합니다.

오랫동안 현명하게 소비를 하다가도 원하는 연간 수입에 도달하면, 순간 사람들은 스스로 해냈다는 생각에 무분별하게 소비하게 됩니다. 그때를 주의하세요. 한번 늘어난 소비를 줄이려면 인고의 노력이 필요합니다.

규칙 5. 대출을 대비하여 신용을 쌓아 두세요.

갑작스러운 일 때문에 돈이 필요하다면 어디서 대출을 받을 수 있을지 잘 따져봐야 합니다. 집이나 자동차를 담보로 대출을 받거나, 가입한 보험을 통해 대출을 받거나, 혹은 해약을 해서 환급을 받을 수 있는지 보험에 가입하기 전에 알아두면 좋습니다.

하지만 대부업체에는 눈길조차 주지 않는 것이 좋습니다. 그러니 은행에서 대출을 받을 수 있도록 미리 신용을 쌓아두는 것이 좋습니다. 또한 혹시 모를 일에 대비해 미리 예금을 어느 정도 마련해 놓는 것이 가장 좋습니다.

규칙 6. 질병, 화재, 긴급 상황에 대비한 보험에 가입해요.

부담스럽지 않은 가격 내에서 보험을 가입하면 좋습니다. 갑작스럽게 닥친 일을 수습하기에 너무 많은 돈이 들 수도 있기에 미리 대비하는 차원에서 드는 것입니다.

규칙 7. 생명보험금이 현금으로 바로 배우자에게 지급되지 않게 하세요.

금융왕으로 불린 미국의 J.P. 모건은 가족을 포함한 16명에게 유산을 남겼습니다. 그는 16명에게 현금 일시불이 아닌 평생 매달 일정 수입을 보장하는 신탁 기금에 돈을 맡겼습니다.

규칙 8. 아이들에게 돈에 관한 책임감을 가르쳐 주세요.

자녀가 있다면 아이들에게 매주 혹은 매달 용돈을 주고 용돈 기입장을 쓸 수 있게 가르쳐 주세요. 필요한 것과 사고 싶은 것을 구분하게 해주세요. 필요한 것을 산 다음 돈이 남았을 때 사고 싶은 것을 사게 해주세요. 세 살 버릇 여든까지 간다는 것을 잊지 마세요.

규칙 9. 돈은 버는 것보다 지키는 것이 더 중요합니다.

그러려면 경마나 슬롯머신 같은 도박은 절대 하지 않도록 해요. 쉽게 번 돈은 쉽게 나가게 되어 있습니다. 특히 전세로 이사할 경우 사기를 조심하세요.

규칙 10. 당장 상황이 나아지지 않는다고 해도 스스로를 비난하지 마세요.

아무리 노력한다고 해도 상황이 좋아지지 않는다면 실망할 수 있어요. 그렇다고 자기 자신을 비난하거나 학대하지 마세요. 상황은 바꿀 수 없어도 마음가짐은 바꿀 수 있습니다. 그 무엇보다 중요한 것은 나 자신이라는 것을 잊지 마세요.

데일 카네기 돈에 관한 10가지 규칙

규칙 1. 한 달간 내가 쓰는 돈을 기록해 보세요.

규칙 2. 필요에 맞게 예산을 세워보세요.

규칙 3. 소비는 현명하게 합니다.

규칙 4. 소득이 늘어나도 소비가 많이 늘지 않게 주의해야
　　　　합니다.

규칙 5. 대출을 대비하여 신용을 쌓아 두세요.

규칙 6. 질병, 화재, 긴급 상황에 대비한 보험에 가입해요.

규칙 7. 생명보험금이 현금으로 바로 배우자에게 지급되
　　　　지 않게 하세요.

규칙 8. 아이들에게 돈에 관한 책임감을 가르쳐 주세요.

규칙 9. 돈은 버는 것보다 지키는 것이 더 중요합니다.

규칙 10. 당장 상황이 나아지지 않는다고 해도 스스로를
　　　　　비난하지 마세요.

내 재정 상태 확인하기!

1. 현재 수입과 지출을 적어 보세요.

(수입보다 지출이 많다면 어디서 돈이 새고 있는지 잘 살펴보아요.)

....

....

....

....

2. 아무리 줄여도 지출을 줄일 수 없다면, 수입을 늘리는 것도 방법이에요. 부수입을 어떻게 만들지 생각해 보아요.

....

....

....

....

돈 걱정이 줄어들지 않는다면, 데일 카네기의 돈에 관한 10가지 규칙을 계속 떠올려 보세요.

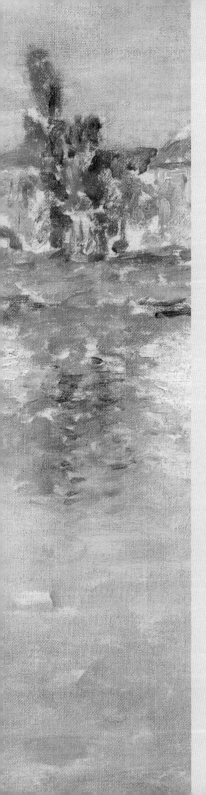

"돈의 가치를 알고자 하거든
가서 돈을 조금 빌려보라.
돈을 빌리러 가는 것은 슬픔을
빌리러 가는 것이다."

— 벤자민 프랭클린

11장

불안과 걱정에서 벗어나
더 단단한 내가 된다

불안과 걱정에서 벗어나는 가장 좋은 방법은 쉬는 것입니다. 피로를 예방하면 걱정을 막는 데 많은 도움이 됩니다. 몸이 피곤하면 걱정하게 되고, 우리 몸을 걱정하기 쉬운 상태로 만듭니다. 피로가 쌓이면 우리 몸의 면역력을 떨어뜨려 질병에 걸리기 쉽게 만듭니다.

"하루에 5분, 피곤해지기 전에 쉬세요!"

사람들은 심장이 쉬지 않고 일한다고 생각합니다. 하지만 심장은 수축할 때마다 휴식을 취한답니다. 만약 1분에 70회 정도 박동한다면, 심장은 하루 24시간 중에 9시간만 일합니다. 15시간은 쉰다는 것이죠.

영국의 윈스턴 처칠은 제2차 세계대전 중에 하루 16시간씩 일하며 전쟁을 이끌었습니다. 어떻게 그게 가능했을까요? 그는 점심 식사 뒤에 꼭 1시간씩 낮잠을 잤습니다. 오후 6시부터 8시에 저녁을 먹기 전까지 2시간 동안 잠을 자 피로를 미리 예방했습니다.

세계 최고 부자로 손꼽히는 록펠러는 98세까지 장수했습니다. 가장 큰 이유는 장수 유전자를 물려받았기 때문이지만, 그 역시 점심 때 사무실 소파에 누워 30분씩 낮잠을 자는 습관이 있었습니다.

휴식은 아무것도 하지 않는 것이 아니라, 회복의 시간입니다. 적어도 하루 5분, 자신에게 휴식을 선물하세요.

만약 낮잠을 잘 수 없다면 저녁을 먹기 전 1시간 정도 누워 있어 보세요. 그 어떤 비타민보다 5,467배 효과가 좋다고 합니다. 자주 휴식을 취하세요. 우리 몸의 심장도 15시간을 쉽니다.

고요히 눈을 감아 보세요. 잔잔한 음악을 틀어 놓고, 잠시 아무 생각도 하지 말아 보세요.
오늘도 수고한 나를 안아주세요.

우리가 경험하는 피로의 대부분은 정신적인 것에서 시작합니다. 목표를 달성하지 못했다는 걱정, 인정받지 못한다는 불안, 자괴감, 등등 감정적인 이유로 피곤함을 느낍니다.

"대체로 사람들은 열심히 노력한다는 느낌을 받아야 고된 노동을 했다고 생각한다. 그렇지 않으면 일을 제대로 하지 않았다고 스스로 느끼게 됩니다. 이게 가장 큰 문제다."
— 조셀린 벨 버넬

"긴장은 습관이다. 휴식도 습관이다. 나쁜 습관을 고치고 좋은 습관을 들이도록 노력해야 한다."
— 윌리엄 제임스

우리는 어디에서든 쉴 수 있습니다. 휴식을 취하려고 일부러 노력하지는 마세요. 휴식이라는 건 긴장감과 노력이 전혀 없는 상태를 말하기 때문입니다. 긴장을 푼다는 생각만 하세요.

불안과 긴장을 풀 수 있는 네 가지 방법을 소개합니다.

1. 잠깐 짬을 내서 긴장을 푸세요.
따뜻한 햇살을 느끼며 그렁그렁 잠을 자는 고양이를 본 적이 있나요? 고양이가 기재개를 켜는 것처럼 몸을 쭈~욱 펴보세요.

2. 편한 자세로 일하세요.
우리 몸은 긴장하면 어깨가 아프고 신경이 피로해진다는 것을 기억하세요. 긴장이 된다면 심호흡을 크게 하고 편한 자세로 임해보세요.

3. 스스로를 돌아보세요.
하고 있는 일을 더 어렵게 만들고 있는 것은 아닌지, 이 일과 전혀 상관없는 일에 애쓰고 있는 것은 아닌지 스스로에게 물어보세요.

4. 자기 전, 오늘 하루를 돌이켜 보세요.
오늘 일과를 마친 뒤 내가 얼마나 피곤한지 살펴보는 것보다 얼마나 피곤하지 않은지를 기준으로 평가해 보세요. 유난히 피곤하고 힘든 날엔 무엇 때문에 힘든 건지 한번 생각해 보세요.

당신이 기혼자라면 다음과 같은 방법을 추천합니다.

1. 좋은 글귀를 많이 모아두세요.

마음을 편안하게 하는 글이나 용기를 북돋아주는 명언, 짤막한 기도문 혹은 인용한 구절을 따라 써보세요. 비 내리는 날 가라앉은 기분처럼 우울할 때 그 감정을 사라지게 만들어 줄 거예요.

2. 상대방의 단점을 깊게 생각하지 마세요.

인간은 누구나 단점이 있게 마련입니다. 만약 당신의 배우자가 성인(聖人)이었다면 당신과 결혼하지 않았을 것입니다.

3. 이웃에게 관심을 기울여 보세요.

동네에서 만나는 이웃들과 반갑게 인사해 보세요. 모든 사람이 밝게 인사하며 다가오는 사람을 좋아합니다.

4. 자기 전에 내일 할 일의 계획을 세워보세요.

불안한 마음과 걱정을 없애는 방법은 미리 준비하는 것입니다. 잠자리에 들기 전 천천히 다음날의 계획을 세워보세요.

5. 시간이 있을 때마다 쉬세요.

긴장과 피로는 사람을 금방 늙게 합니다. 나를 위한 최소한의 시간을 만들어 보세요. 단 5분만이라도 내 시간을 만든다면 마음에 여유가 생길 거랍니다.

"휴식은 게으름도, 멈춤도 아니다.
휴식을 모르는 사람은
브레이크가 없는 자동차처럼 위험하다."
— 헨리 포드

1주일 동안 다음 여섯 가지 행동을 해보고 나서 얼굴이 어떻게 변했는지 살펴보세요.

1. 피곤하다는 생각이 들 때마다 바닥에 눕습니다. 할 수 있는 한 몸을 쭉 펴보세요. 이 동작을 적어도 하루에 두 번합니다.

2. 눈을 감고 존슨 교수의 말을 따라 해봅니다.

"머리 위에는 빛나는 태양과 반짝이는 푸른 하늘이 있다. 자연은 고요하고 세상은 질서를 유지하며 돌아간다. 자연의 일부인 나는 우주와 조화를 이루고 있다."

3. 잠깐 의자에 앉아 휴식을 취하세요.

4. 의자에 앉아 발가락에 힘을 주었다가 서서히 힘을 뺍니다. 그런 다음에 발, 다리, 배, 어깨, 목까지 힘을 주었다가 서서히 풀어주세요.

5. 천천히 숨을 들이마시고, 천천히 내뱉어 보세요. 규칙적으로 호흡해봅니다.

6. 주름진 얼굴을 편다고 생각하며 인상을 펴보세요. 이렇게 두 번 해보세요.

To Do List!

매일 여섯 가지 행동을 따라 해보세요. 한 행동에 √ 혹은
○로 체크해 보아요.

	일	월	화	수	목	금	토
1							
2							
3							
4							
5							
6							

직장에서도 불안과 걱정이 많다면 다음 네 가지 습관을 들여보세요.

1. 오늘 업무와 상관없는 것들은 모두 치우세요.

책상에 오늘 해야 할 일과 관련 없는 것이라면 모두 치우세요. 이렇게 하면 업무를 좀 더 쉽고 빠르게 처리할 수 있습니다.

2. 업무의 우선순위를 정하여 가장 급한 것부터 처리합니다.

업무마다 성격이 다르기 때문에 가장 먼저 처리해야 할 것부터 진행합니다. 특히 도움을 요청해야 하거나 타 부서와 협력해야 할 일은 미리미리 요청하는 것이 좋습니다.

3. 미루지 말고 해결합니다.

특히 어떤 문제에 직면했을 때 의사결정이 필요한 사실을 확인했다면 빨리 상사에게 혹은 조직원들에게 알려 해결할 수 있도록 합니다.

4. 모든 업무를 혼자 도맡아 하지 않습니다.

직장은 여러 구성원들이 모인 곳입니다. 혼자서 할 수 있는 일은 한계가 있기 때문에 도움을 요청하거나, 관리자라면 부하직원에게 지시하여 진행해야 합니다.

프랑스어를 한마디도 하지 못했던 미국인 칼텐본이 프랑스에서 가장 돈을 많이 버는 영업맨이 될 수 있었던 비결은 단 하나였습니다.

매일 아침 길을 나서기 전에 그는 "칼텐본, 먹고살려면 난 이 일을 꼭 해야만 해. 어차피 해야 한다면, 즐거운 마음으로 하는 게 좋지 않겠어? 초인종을 누를 때마다 나는 배우라고 생각하자. 이 일도 무대에서 관객의 주목을 받는 것처럼 재밌잖아. 그러니까 열정을 가지고 열심히 하자고!"라고 말했습니다.

아침에 밖을 나서기 전에 거울을 보며 스스로를 응원하세요. 잠에서 깨려면 몸을 움직여야 한다는 것을 모두 알고 있습니다. 그러나 아침에 가장 빨리 깨는 방법은 정신적으로 운동하는 것입니다. 스스로를 격려하세요.

"우리 삶은 우리 생각대로 만들어진다." 마르쿠스 아우렐리우스가 한 말처럼 우리 삶은 우리 생각대로 만들어집니다.

걱정과 불안이 많은 사람은 잠을 제대로 못 자는 경우가 많습니다. 불면증으로 고생하고 있다면 침대에 누워 고민과 걱정을 하는 것보다 자리에서 일어나 졸음이 몰려올 때까지 일을 하거나 책을 읽어 보세요.

수면 부족으로 죽은 사람은 없습니다. 오히려 불안과 걱정 때문에 잠을 이루지 못한 것이 더 위험합니다. 종교가 있다면 기도해 보세요. 편안함을 느낄 수 있습니다. 종교가 없다면 침대에 누워 심호흡을 천천히 해보세요. 긴장을 풀도록 해요.

불면증이 있다면 낮에 몸을 많이 움직여 몸을 피곤한 상태로 만듭니다. 피곤하면 바로 곯아떨어질 수밖에 없으니까요.

"우리는 꿈들이 만들어지는 것과 같은 존재이며,
우리의 짧은 삶은 잠에 둘러싸여 있다."
― 윌리엄 셰익스피어

"휴식은 힘이 아니라 양분이다."

—아네트 프루보스트

12장

"직업을 선택하려는 젊은이는 도박사와 같은 처지에 있다.
스스로의 인생을 걸어야 하기 때문이다."

— 해리 에머슨 포스딕

어떻게 직업을 선택해야 할까요? 스스로 생각하기에 즐길
수 있는 일을 찾아야 합니다. 그래야 오래 일할 수 있고 마치
놀이처럼 재미를 느낄 수 있습니다.

스티브 잡스가 한 말을 천천히 생각해 보아요.
"내가 계속할 수 있었던 유일한 이유는 내가 하는 일을 사
랑했기 때문이라 확신한다. 당신도 사랑하는 일을 찾아야 한
다. 당신이 사랑하는 사람을 찾아야 하듯 일 또한 마찬가지
다."

당신에게는 사랑하는 일, 사랑하는 사람이 있나요?
둘 다 있다면 이미 성공한 사람입니다.
둘 다 없다고 해도 낙담하지 마세요. 앞으로 성공할 사람
이니까요.

일자리를 찾는 많은 젊은이의 가장 큰 문제점은, 스스로 무슨 일을 하고 싶은지 정확하게 모른다는 것입니다. 또한 자신의 적성을 제대로 모른 채 일반 회사에 입사해 일을 하면서 괴로워한다면, 다른 직업을 찾아봐도 좋습니다.

N잡러들의 삶을 살고 있는 사람들이 많아지고 있습니다. 굳이 하나의 일에 얽매여 살 필요는 없습니다.

"끝없는 열정으로 일한다면 무슨 일을 하든지 성공할 수 있다."

— 찰스 슈와브

인생에서 가장 중요한 결정 두 가지가 있습니다.

첫 번째, 무엇을 먹고살 것인가?

두 번째, 배우자로 어떤 사람을 만날 것인가?

이미 두 가지를 모두 결정했다면 당신은 성공한 사람입니다.

둘 다 결정하지 못했다고 해도 괜찮습니다. 앞으로 성공한 사람이니까요.

"우리가 이룬 것만큼,
이루지 못한 것도 자랑스럽습니다."

— 스티브 잡스

불안과 걱정은 습관입니다. 당신의 불안과 걱정 습관이 사라지는 마법의 글 쓰기를 해보아요.

당신이 불안한 이유와 걱정을 모두 아래에 적어 보세요.

걱정하는 일을 어떻게 하면 해결할 수 있을지 그 해결책을 아래에 적어 보세요.

걱정과 근심을 모두 내려놓습니다. 대신 기대와 희망에 찬 마음을 적어 보아요.

올해 이루고 싶은 일들을 하나하나 적어 보세요.

이달에 이루고 싶은 소망을 모두 적어 보아요.

오늘 하루를 어떻게 보내고 싶은지 적어 보세요.

하루하루가 쌓여 한 달이 되고 그렇게 일 년이 됩니다.

"꿈은 성공의 첫 번째 단계입니다."

— 나폴레온 힐

당신의 첫 번째 성공을 축하합니다!

어제보다 더 나은 내가 되었습니다!

그리스 신화에 나오는 '판도라의 상자' 이야기를 모두 알 것입니다. 판도라가 열지 말라고 했던 상자의 뚜껑을 열었더니 그 속에 있던 온갖 재앙과 악이 나와 세상에 퍼졌다고 합니다. 그래도 상자 안에 마지막 희망이 남았다고 하지요. 우리는 희망이 있기에 걱정과 불안에서도 굳건할 수 있습니다.

이 필사책을 끝마친 당신께 축하와 격려를 보내고 싶습니다. 어제보다 그리고 필사를 하기 전보다 당신은 강인해졌습니다. 힘든 일이 올 때마다, 마음이 흔들릴 때마다 당신은 다시 당신의 길을 갈 것입니다.

"이 또한 지나가리라!"

— 랜터 윌슨 스미스

힘들고 고된 일 또한 지나갈 것입니다. 그리고 주변보다 자신을 더 생각해 주세요. 괜찮지 않은데, 괜찮다고 말하는 나를 외면하지 마세요. 내가 먼저 나를 외면하게 되면 내 인생은 꼬입니다. 힘든 일이 생길 때 스스로를 위로하고 토닥여 주세요. 이 책을 필사한 당신은 이미 어제보다 더 나은 사람이 되었으니까요.

바라는 대로 이루어지는 삶을 살길 진정으로 바랍니다!

편저자 지선

오랫동안 번역을 하며 강사로도 활동했다. 지금까지 200여 종의 책들을 기획했고, 여전히 좋은 책을 만들기 위해 분투하고 있다. 십여 년 전부터 제임스 앨런 책을 읽고 국내에 소개했으며, 본인이 그동안 깨달았던 것을 함께 정리한 《바라는 대로 이루어지는 삶의 법칙》이 있다. 그 외 다수의 책을 번역했다.

괜찮지 않은데 괜찮다고 말하는 나에게

초판 1쇄 발행 2025년 1월 16일

지은이 데일 카네기
편저자 지선
발행처 이너북
발행인 이선이

편 집 심미정
디자인 이유진
마케팅 김 집, 송희준

등 록 2004년 4월 26일 제2004-000100호
주 소 서울특별시 마포구 백범로 13 신촌르메이에르타운Ⅱ 305-2호(노고산동)
전 화 02-323-9477 | **팩스** 02-323-2074
E-mail innerbook@naver.com
블로그 blog.naver.com/innerbook
포스트 post.naver.com/innerbook
인스타그램 @innerbook_

ⓒ 데일 카네기
ISBN 979-11-88414-93-2 (04320)
ISBN 979-11-88414-92-5 (세트)

이너북은 독자 여러분의 소중한 원고 투고를 기다리고 있습니다.
원고가 있으신 분은 innerbook@naver.com으로 보내주세요.